Soy I

por Gabriel Amaru • ilustrado por Jackie Stafford

Destreza clave Vocal *Ii*
Palabra de uso frecuente *un*

Scott Foresman
is an imprint of

PEARSON

Yo soy la i.

Yo soy la I.

Yo leo un libro.

Yo duermo en un iglú.

Yo veo un imán.

Yo veo una iguana.

Yo juego en la isla.